VELOCIDAD INCREÍBLE

FIEBRE POR EL MOTOCROSS

De Craig Stevens
Traducción de Santiago Ochoa

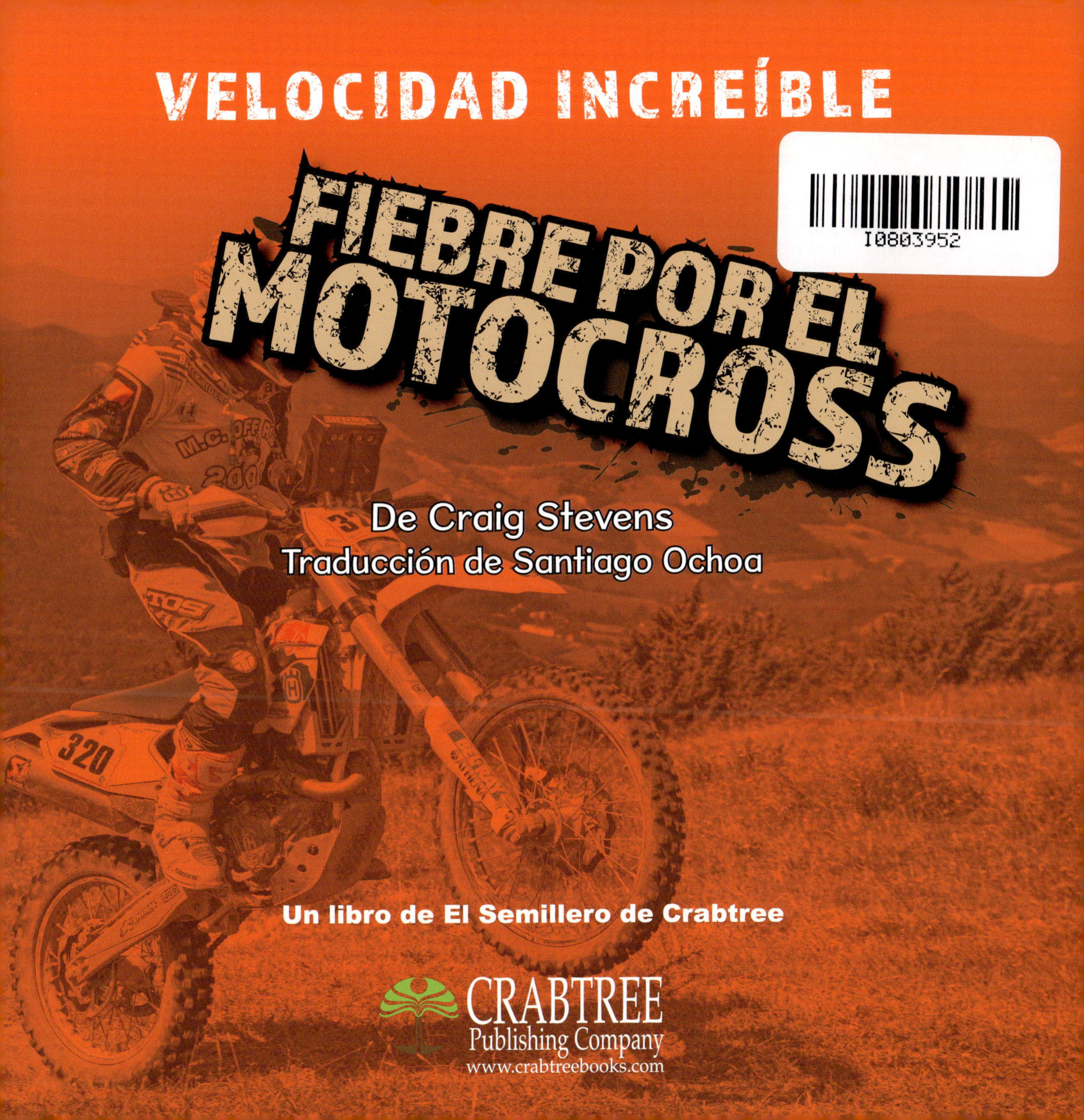

Un libro de El Semillero de Crabtree

CRABTREE
Publishing Company
www.crabtreebooks.com

Índice

FIEBRE POR EL MOTOCROSS

¿Qué son las motos de motocross? Las motos de motocross son **motocicletas** hechas para conducir fuera de las carreteras.

Las motos de motocross son ligeras, rápidas y muy divertidas de conducir.

Pueden ir a más de 100 millas (160 kilómetros) por hora. ¡Imagínate golpear contra un **bache** a esa velocidad!

12
SUZUKI
PIRELLI
12

asiento: Bajo y estrecho.

tanque de gasolina: Tiene capacidad para 3 galones (11 litros) de gasolina.

mofle: Reduce el ruido del escape.

cadena y ruedas de espigas: Hacen girar la rueda.

motor: Pequeño y potente.

manubrio: Para dirigir la moto; también contiene los mandos del acelerador (potencia), los frenos y el embrague para cambiar de velocidad.

guardabarros: Evita que el barro, la suciedad y las piedras golpeen al piloto.

amortiguadores delanteros: Suavizan los aterrizajes bruscos y los baches del terreno.

neumáticos con tacos: Los tacos dan a la moto un buen agarre al suelo.

frenos delanteros: Detienen la moto.

Los pilotos **realizan** saltos y piruetas en motos de motocross.

TOS
320

Cuando una moto de motocross aterriza, los amortiguadores **absorben** la energía.

Los neumáticos para motos de motocross se denominan neumáticos **con tacos**. Están diseñados para **atrapar** la tierra, el barro o la nieve.

Los pilotos pueden conducir las motos de motocross por el barro y el agua...

...sobre las rocas y la arena...

23
CHAD BAUMAN

...¡sobre la nieve
y el hielo!

303
112
57
FOX

Glosario

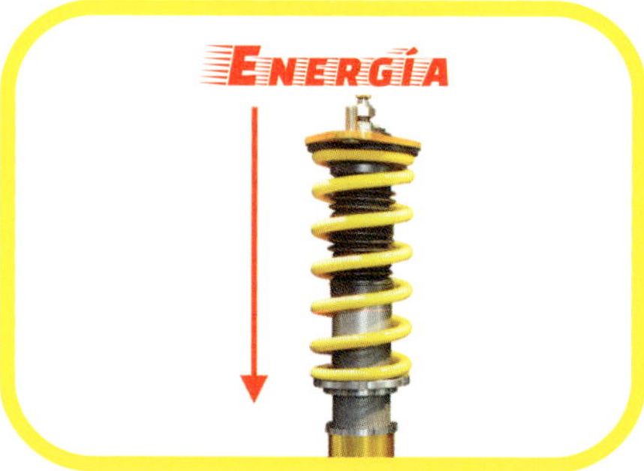

absorben: Que atraen y retienen algo.

atrapar: Sujetar algo con fuerza.

bache: Hueco o agujero que hay en las carreteras y en el suelo.

con tacos: Cubierto de grandes protuberancias de goma.

motocicletas: Vehículos con dos ruedas y un motor.

realizan: Que hacen algo.

Índice analítico

Apoyo escolar para cuidadores y profesores

Este libro ayuda a los niños a crecer permitiéndoles practicar la lectura. A continuación se presentan algunas preguntas orientativas para ayudar al lector a desarrollar su capacidad de comprensión. Las posibles respuestas que aparecen aquí están en color rojo.

Antes de leer

- **¿De qué creo que trata este libro?** Creo que este libro trata de lo divertido que es conducir una moto de motocross. Creo que este libro es sobre todos los lugares geniales para montar una moto de motocross.
- **¿Qué quiero aprender sobre este tema?** Quiero saber más sobre cómo unirme a un club de motocross. Quiero aprender sobre los equipamientos especiales necesarios para conducir una moto de motocross.

Durante la lectura

- **Me pregunto por qué...** Me pregunto por qué a la gente le gusta conducir motos de motocross por el barro y el agua. Me pregunto por qué a los pilotos de motos de motocross les gusta hacer piruetas.
- **¿Qué he aprendido hasta ahora?** He aprendido que un bache es un hueco o agujero que hay en las carreteras y en el suelo. He aprendido que los neumáticos de las motos de motocross están diseñados para atrapar la tierra, el barro o la nieve.

Después de leer

- **¿Qué detalles he aprendido sobre este tema?** He aprendido que las motos de motocross necesitan excelentes amortiguadores para ayudar a absorber la energía cuando el piloto tiene un aterrizaje brusco. He aprendido que las motos de motocross pueden ir a más de 100 millas por hora (160 km/h).
- **Vuelve a leer el libro y busca las palabras del glosario.** Veo la palabra *absorben* en la página 13, y las palabras *con tacos* en la página 14. Las demás palabras del glosario se encuentran en las páginas 22 y 23.

Library and Archives Canada Cataloguing in Publication

Available at the Library and Archives Canada

Library of Congress Cataloging-in-Publication Data

Available at the Library of Congress

Crabtree Publishing Company

www.crabtreebooks.com 1-800-387-7650

Print book version produced jointly with Blue Door Education in 2023

Written by: Craig Stevens
Translation to Spanish: Santiago Ochoa
Spanish-language Copyediting and Proofreading: Base Tres
Print coordinator: Katherine Berti

Photo Credits: istock.com, shutterstock.com, Grafikactiva,. COVER: Artur Didyk. PG4-5; Eugene_Onischenko. PG2-3; hmydesign. PG6-7; SDivin09. PG8-9; Honda.com. PG10-11; Eugene_Onischenko. PG12-13; ermess- shutterstock.com. PG14-15; Toa55, Holy Polygon. PG16-17;sportpoint. PG18-19; RobertHoetink. PG20-21 sportpoint, Edijs Volcjoks. Pg22-23; intst, yanik88, mahroch, SpeedPhoto

Published in the United States
Crabtree Publishing
347 Fifth Ave.
Suite 1402-145
New York, NY 10016

Published in Canada
Crabtree Publishing
616 Welland Ave.
St. Catharines, Ontario
L2M 5V6

Printed in the U.S.A./062022/CG20220124